AF509383

# DECLARATION

## DE LA VOLONTE'

### DV ROY, ENVERS SES
subjects de la Religion
pretenduë reformée.

*Verifiée en Parlement le 27.*
*Nouembre 1623.*

**A PARIS,**

Par **Fed. Morel**, & **P. Mettayer.**
Imprimeurs ordinaires du Roy.

**M. DC XXIII.**

*Auec priuilege de sa Majesté.*

LOVIS par la grace de Dieu, Roy de France & de Nauarre, A tous ceux qui ces presentes Lettres verront, Salut. Encores que nostre intention ayt tousiours esté comme elle est, de faire exactement obseruer nos Edicts de Pacification, & Declarations dernieres faictes en faueur de nos subjets de la Religion pretenduë reformée; & que pour cet effect nous àyons cõmis & deputé des Commiſſaires és Prouinces de noſtre Royaume, pour y reparer & reſtablir les contrauétions & deſordres que les guerres & mouuemens derniers auroient produict, n'ayant obmis aucun ſoin ny ſollicitude pour faire viure tous nos ſubjets en bõne paix, vnion & concorde; Neantmoins nous auõs eſté aduertis qu'aucuns de ceux de ladite Religion pretenduë reformee, ennemis du repos public, & qui deſirent

profiter dãs le trouble, s'ad-
uoüans de nos Cousins les
Ducs de Rohan & de Sou-
bize (ce que nous ne pou-
uons croire pour les asseu-
rances que nosdits Cousins
nous ont donnees de leur fidelité & affection à nostre
seruice & à l'obseruation de
la paix,) ont depuis quelque
temps faict diuers voyages,
& en plusieurs de nos Prouinces; mesmes en aucunes
assemblees tenuës suiuant
nosdits Edicts, par nos subjets de ladite Religion, auec
Lettres & paroles de crean-

ce, pour sous des faux pre-
textes esmouuoir nosdits
subjets, leur suggerer des ap-
prehentions, vmbrages, &
feintes deffiances , & les
exciter à faire leuees de deniers, munir & fortifier les
places qu'ils ónt entre les
mains, achepter des armes
& faire d'autres preparatifs
contraires à la tranquillité
publique. Et bien que nous
ne voulions croire que nosdits subiets de ladite Religion pretenduë reformee,
recognoissans les graces sin-
gulieres qu'ils ont depuis

peu receuës de noſtre cle-
mence, ſoient portez & diſ-
poſez à entendre telles per-
nitieuſes propoſitions, &
moins encores de ſe deſtour-
ner de la fidelité & obeiſſance à laquelle ils ſont obli-
gez; Toutesfois deſirans ar-
reſter le cours de ſemblables
menees, & les dangereuſes
conſequences qui en pour-
roient arriuer, empeſcher
que noſdits ſubjets ne ſoient
abuſez par ces mauuaiſes
pratiques, & ne les laiſſer
auſſi en aucun doubte & in-
certitude de nos bonnes &

finceres intentions en leur endroit : De l'aduis de noftre Confeil, où eftoient la Royne noftre tres-honoree Dame & Mere, les Princes, Ducs, Pairs, Officiers de noftre Couronne, & principaux de noftre Confeil : Nous auons dit & declaré, difons & declarons par ces prefentes, nos vouloir & intention eftre, de conferuer & maintenir la Paix, repos & la tranquillité publique, & d'employer noftre auctorité & noftre foin & vigilance accouftumee, pour faire

viure tous nos ſubjets, tant
Catholiques que de la Religion pretenduë reformee
en bonne vnion & concor-
de ſous noſtre obeiſſance:&
pour cet effect, Nous voulons & ordonnons que nos
Edicts de Pacification &
Declaratiõs dernieres faites
en faueur de nos ſubjets de
la Religion pretenduë re-
formee ſoient inuiolable-
ment gardees, obſeruees &
entretenuës; Et que les Cõ-
miſſaires par nous deputez
en nos Prouinces y demeu-
rent & reſident iuſques à

leur entiere & parfaicte execution; Comme aussi nous
faisons tres-expresses inhi-
bitions & defenses à toutes
personnes de quelque con-
dition & qualité qu'ils soiét,
de dire, escrire, suggerer ny
persuader, entendre ny es-
couter aucune chose con-
traire à cette nostre bonne
& droicte intention, & à la
tranquillité de tous nos subjets, aller ny enuoyer par
nos Prouinces, Villes & assemblees qui seront tenues
par ceux de ladite Religion
pretenduë reformee, pour

le mesme effect, ny de faire aucunes leuées de deniers, achapts & ports d'armes, arremés, assemblees ny preparatifs de guerre, sur peine de desobeissance, & d'estre punis comme infracteurs de Paix, & perturbateurs du repos public: Voulons qu'il en soit exactement informé & procedé contre les contreuenans, selon la rigueur de nos Ordonnances. Si donnons en mandement à nos amez & feaux Conseillers, les gens tenans nos Cours de Parlemens &

Chambres de l'Edict, que
ces preſentes ils façent lire,
publier & enregiſtrer, & le
contenu en icelles garder &
obſeruer de point en point
ſelon leur forme & teneur:
Et à nos Procureurs Gene-
raux ou leurs Subſtituts d'y
tenir la main, & faire toutes
pourſuittes, inſtances & re-
quiſitions pour ce neceſſai-
res : Mandons en outre à
tous Gouuerneurs & nos
Lieutenans Generaux de
nos Prouinces & Villes,
Baillifs, Seneſchaux, Pre-
uoſts de nos Couſins les

Conneſtables & Mareſ-
chaux de France ou leurs
Lieutenans, & autres nos
Iuſticiers & Officiers qu'il
appartiendra, de tenir la
main à l'execution de ces
preſentes : Car tel eſt noſtre
plaiſir. En teſmoin de quoy
nous auons faict mettre noſtre ſeel à icelles. Donné à
Paris le dixieſme iour de
Nouembre, l'an de grace
mil ſix cens vingt-trois. Et
de noſtre regne le quator-
ziéme. Signé, LOVIS.
Et ſur le reply, Par le Roy,
DE LOMENIE.

Et seellée du grand seau de cire iaulne sur double queüe. Et à costé est escrit,

*Leües, publiées et registrées, és registres d'icelle, Ouy et ce requerant le Procureur general du Roy, pour estre executees, gardees et obseruees selon leur forme et teneur ; et copies collationnees d'icelles enuoyées aux Bailliages et Seneschaussées de ce ressort, pour y estre pareillement leües, publiées, registrées, et executees à la diligence des Substituts dudit Procureur general, ausquels enjoinct d'y tenir la*

main, et d'en certifier la Cour
auoir ce faict au mois. *A Paris*
en Parlement le vingt-septiesme
Nouembre, mil six cens vingt-
trois.

Signé, DV TILLET.